PIERWSZA
ENCYKLOPEDIA

Piłka nożna

Tekst
Aurélie Sarrazin

Ilustracje
Tiago Americo
Benjamin Bécue
Ilaria Falorsi
Cristian Turdera

Tłumaczenie
Michał Stefańczyk

W0213421

WILGA

Spis treści

Co to jest piłka nożna? 6

Wszyscy na swoje pozycje! 28

pisać — Aby dziecko lepiej poznało części mowy, wszystkie czasowniki i wyrażenia zawierające czasowniki umieściliśmy na szarym tle.

? — Aby dziecko mogło zobaczyć, czego się nauczyło, na zakończenie każdego rozdziału umieściliśmy część „Sprawdź się!".

Rozdział „Zapamiętaj!" na końcu książki zawiera zestaw podstawowych informacji.

Ab — Dzięki indeksowi na końcu książki łatwo znaleźć potrzebne słowo.

Czas zacząć grę! 48

Zawody 70

Zapamiętaj!

W prawym dolnym rogu znajdują się odsyłacze do innych stron poświęconych podobnym tematom. Ułatwi to poruszanie się po książce i poznawanie nowych rzeczy.

Co to jest piłka nożna?

Gra dla każdego!

Każdy może grać w nogę,
wystarczy mieć piłkę
i kilku przyjaciół!

Czy dziewczynki i chłopcy mogą grać razem?

Gdy oglądasz mecz w telewizji, zawodnikami są z reguły mężczyźni. Jednak nie tylko oni mogą grać w piłkę nożną.

Istnieją również drużyny kobiece. Biorą one udział w takich samych zawodach co mężczyźni. Mówimy wtedy o piłce nożnej kobiet.

W zespołach dziecięcych chłopcy i dziewczynki mogą grać razem. Gdy są dorośli, należą już do osobnych drużyn.

W klubie **12**
Nie tylko piłka nożna **88**

Stopa jest najważniejsza

Grając w piłkę, najczęściej używamy stóp, ale także głowy i klatki piersiowej. Grać można całym ciałem!

części stopy w bucie

kolano

głowa

klatka piersiowa

stopa

ręce

rzut z autu

bramkarz

Co znaczy słowo *futbol*?

Określenie *futbol* pochodzi od angielskiego słowa *football*, które jest połączeniem dwóch słów: *foot* – stopa oraz *ball* – piłka.

Sport ten narodził się w Anglii w XIX wieku. W grze wykorzystywano wówczas zarówno ręce, jak i nogi. Podobnie jak w rugby.

Z upływem czasu określono zasady gry i teraz rąk można używać tylko na pozycji bramkarza albo przy wyrzucie piłki z autu.

17 ważnych zasad **86**
Nie tylko piłka nożna **88**

W klubie

Trening w tygodniu i mecz w weekend – tak wyglądają zajęcia w klubie piłkarskim!

Jaki jest cel gry?

Spotykasz się z kolegami, uprawiasz sport, rozwijasz nowe umiejętności... – być może dlatego lubisz grać w piłkę.

Piłka nożna jest sportem drużynowym. Żeby dobrze grać, trzeba stworzyć zespół, w którym wszyscy mają wspólny cel.

Celem gry w piłkę nożną jest wygranie meczu. Żeby wygrać mecz, trzeba strzelić więcej bramek niż drużyna przeciwna.

Trening 16
Turniej 20

Strój

Wszyscy gracze są tak samo ubrani, oprócz bramkarza, który ma specjalny strój.

gracz

bramkarz

Czy można grać w zwykłych butach?

Żeby uprawiać sport, wystarczy mieć tenisówki. Jednak jeśli chcesz grać w piłkę na boisku, możesz się w nich poślizgnąć...

Piłkarze używają korków: butów z kolcami na podeszwie, które wbijają się w murawę. Trudniej się w nich wywrócić.

Do gry na twardej nawierzchni najlepiej nadają się turfy. Z kolei do gry na grząskiej murawie lepiej założyć wkręty.

W szatni **22**

Trening

Żeby robić postępy w grze, trzeba trenować i rozwijać umiejętności techniczne.

rozciągać się

rozgrzewka

instruktor

biec truchtem

sprint

rozwijać technikę

ćwiczyć podania

odbijać główką

żonglerka

przyjęcie piłki

strzał

Jak zostać graczem zawodowym?

Piłka nożna jest twoją pasją, marzysz, żeby być sławnym? Żeby zostać graczem zawodowym, trzeba przebyć długą drogę.

Najpierw należy się zapisać do specjalnej szkoły – ośrodka treningowego. Tam młodzi sportowcy przechodzą szkolenia.

Jednak nawet po wielu latach szkolenia tylko najlepsi zostaną dostrzeżeni i gra w piłkę nożną stanie się ich zawodem.

Cechy dobrego gracza 24
Przygotowania 72

Oznaczenia na boisku

Na boisku są namalowane białe linie. Każda z nich ma swoje znaczenie.

Czy możesz grać na prawdziwym boisku ?

Boisko do gry w piłkę nożną jest ogromne: ma długość około 100 metrów. Zastanawiasz się pewnie, czy będziesz mieć siłę je przebiec!

Rozmiar boiska zmienia się w zależności od wieku graczy oraz ich liczby. Juniorzy grają na 1/4 powierzchni boiska.

Na boisku mniejszych rozmiarów łatwiej jest zdobyć piłkę w grze i przebiec do bramki przeciwników.

17 ważnych zasad 86

Turniej

Na turnieju grają ze sobą różne drużyny. Ta, która wygra mecz finałowy, zostaje zwycięzcą.

Jak się zapisać do klubu?

Już od dawna na pewno bawisz się piłką na podwórku. Jednak żeby grać na poważnie w piłkę nożną, musisz należeć do drużyny.

Rodzice mogą cię zapisać do klubu sportowego albo szkółki piłkarskiej w twojej miejscowości. I wcale nie musisz dobrze grać!

W szkółce albo klubie sportowym otrzymasz legitymację. Wszyscy zawodnicy dostają też stroje w barwach klubowych.

W klubie 12
Trening 16

W szatni

Trening jest skończony.
Biegnij szybko do szatni,
żeby się umyć i przebrać!

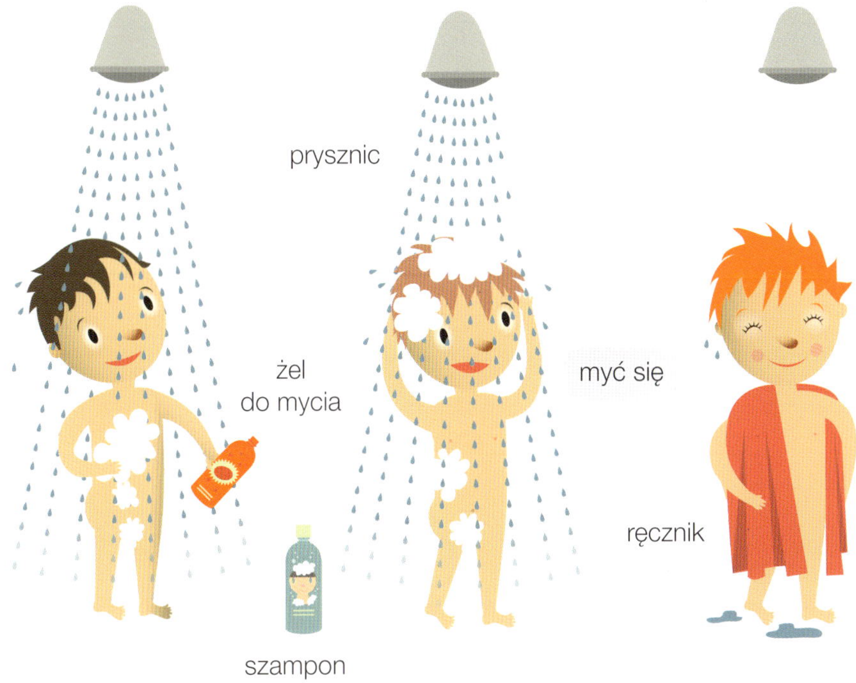

Czy musisz brać prysznic?

Gdy mecz się skończy, chcesz szybko wrócić do domu, żeby opowiedzieć o swoich sukcesach. Nie bardzo masz ochotę się myć...

Jednak kiedy uprawia się sport, to koniecznie po treningu trzeba brać prysznic, bo woda zmywa z ciała cały brud, pot i błoto.

Ciepła woda rozluźnia mięśnie i pomaga ciału osiągnąć normalną temperaturę. Dlatego po prysznicu poczujesz się dużo lepiej!

Strój **14**
Podczas przerwy **64**

Cechy dobrego gracza

Żeby być dobrym zawodnikiem, trzeba przestrzegać zasad gry, mieć umiejętności techniczne i współpracować w drużynie.

dbać o swoje rzeczy

dbać o sprzęt

słuchać trenera

słuchać sędziego

słuchać się kapitana

znać zasady gry

być częścią drużyny

grać fair

umieć prowadzić piłkę

być celnym

współpracować

dużo ćwiczyć

dużo biegać

szybko biegać

Jak zostać kapitanem drużyny?

Czy ty też chcesz nosić opaskę kapitana, kiedy będziesz duży? A czy wiesz, co trzeba zrobić, żeby na to zasłużyć?

Kapitana drużyny wybiera trener. To niekoniecznie musi być najlepszy gracz, tylko taki, który potrafi się ze wszystkimi dogadać.

To ktoś, kogo wszyscy szanują, kto tworzy dobrą atmosferę w drużynie, słucha kolegów i potrafi ich zmotywować do gry.

Sławni piłkarze **90**

Sprawdź się!

Wskaż odpowiednie części buta.

Które z poniższych zachowań warto naśladować, a których nie?

Spójrz na poniższe obrazki. Jak myślisz: która z tych osób się rozciąga? Kto ćwiczy równowagę? Kto podaje piłkę?

Potrafisz wskazać, gdzie na boisku są: bramka, pole bramkowe, linia boczna i koło środkowe?

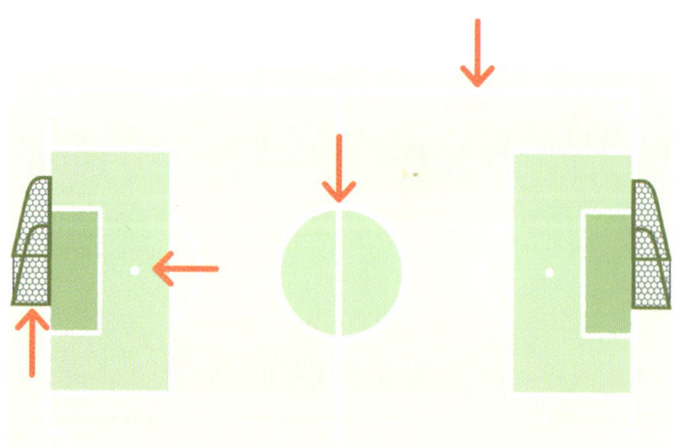

Dziś mamy trening. Ułóż w odpowiedniej kolejności poniższe obrazki.

W piłkę można grać prawie wszędzie: na placu przy bloku albo w parku, na boisku przy szkole, w hali sportowej, na plaży… Powiedz, w którym miejscu lubisz grać najbardziej.

11
10
7
4
5
2

Wszyscy na swoje pozycje!

Ustawienie

Każdy z graczy jest ważny i zajmuje odpowiednie miejsce na boisku – to jego pozycja. A gracze rezerwowi siedzą na ławce.

Czy gracze rezerwowi są gorsi?

Gdy widzisz gracza siedzącego na ławce rezerwowych, możesz pomyśleć, że on nie gra, bo jest gorszym zawodnikiem od innych.

Rezerwowymi mogą być młodzi gracze, którzy jeszcze muszą trenować, albo kontuzjowani, którzy muszą dojść do zdrowia.

Na ławce rezerwowych może też siedzieć bardzo dobry zawodnik. To tajna broń trenera. Wejdzie na boisko, żeby uratować drużynę.

Oznaczenia na boisku **18**
Faul! **58**

Na pozycji bramkarza

Bramkarz ma uniemożliwić przeciwnikom zdobycie bramki. Nie lubi tracić zbyt wielu goli.

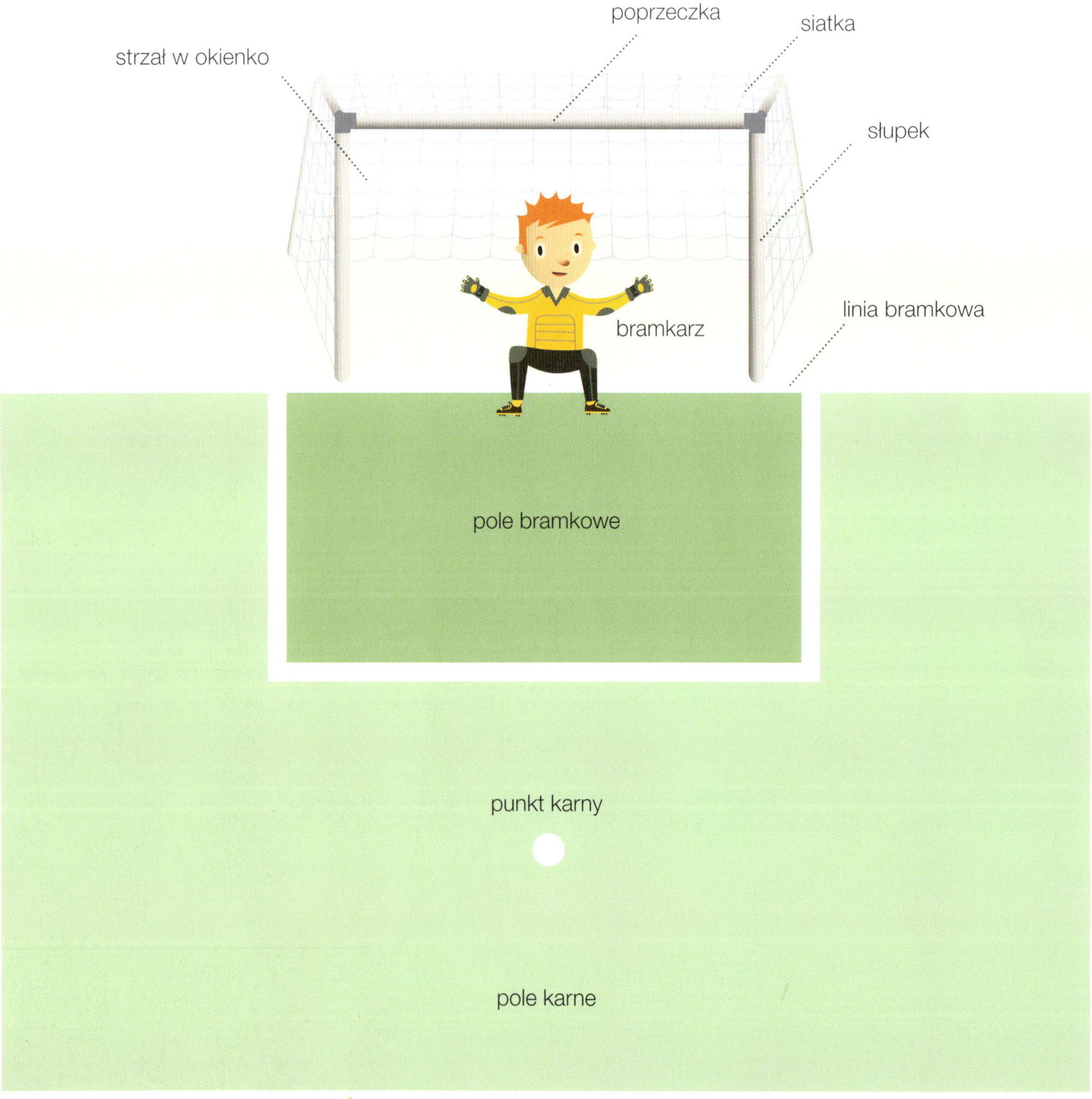

rzut na piłkę

wybicie piłki palcami

przechwyt piłki w klęku

obrona strzału płaskiego

piąstkowanie

wybić piłkę

wyskok

wyjąć piłkę spod nóg napastnika

stracić bramkę

Jak się zostaje bramkarzem?

Bramkarz różni się od innych graczy. Może używać rąk w czasie gry i z reguły pozostaje przez cały czas przy swojej bramce.

Żeby grać na tej pozycji, trzeba mieć specjalne umiejętności: być zwinnym, szybkim, mieć refleks i umieć przewidywać rozwój akcji.

Jeśli posiadasz te cechy, możesz zostać bramkarzem. Dzięki tobie twoja drużyna może nie stracić gola!

Stopa jest najważniejsza 10
Strój 14

Wznowienie gry

Bramkarz wznawia grę: przekazuje piłkę swojej drużynie, żeby mogła rozpocząć atak.

Kiedy ma miejsce wznowienie gry?

Gdy bramkarz złapie piłkę.

Gdy przeciwnik wybije piłkę za linię bramkową.

wznowienie gry ręką

rzut w powietrzu

po ziemi

wznowienie gry nogą

wolej

półwolej

wybicie po ziemi

Rzut rożny

Gdy obrońca wybije piłkę za linię bramkową, wtedy przeciwnik wykonuje rzut rożny – wybija piłkę z rogu boiska.

Czy przez cały czas musisz grać na swojej pozycji?

Wyobraź sobie, co by się działo, gdyby podczas meczu każdy z zawodników robił, co chce, i nie pilnował swojej pozycji!

Trener przygotowuje taktykę gry w zależności od tego, jakich zawodników ma do dyspozycji i jaka jest stawka meczu.

Jednak zawodnicy mogą swobodnie poruszać się po boisku. Chociaż jeśli jesteś bramkarzem, to lepiej zostań na swoim miejscu.

Oznaczenia na boisku 18
Ustawienie 30

Obrońcy

Obrońcy mają za zadanie bronić swojej bramki przed atakami napastników drużyny przeciwnej.

Zabronione jest:

robić niebezpieczny wślizg

przewracać przeciwnika

ciągnąć za koszulkę

atakować nogę przeciwnika

Czy obrońcy potrafią strzelać gole?

Obrońcy zajmują pozycję blisko własnej bramki, żeby lepiej jej bronić przed strzałami. To ich podstawowe zadanie.

Jednak kiedy ich drużyna jest w tarapatach i przegrywa, mogą wysunąć się do przodu, żeby spróbować zdobyć bramkę.

Wszyscy gracze są szkoleni na różnych pozycjach, ale w zależności od umiejętności zostają obrońcami, napastnikami lub bramkarzami.

Ustawienie **30**
Faul! **58**

Pomocnicy

Pomocnicy grają w środku pola między obrońcami i napastnikami. Podczas meczu kierują grą drużyny.

podania

wewnętrzną częścią stopy

zewnętrzną częścią stopy

uderzenie piętą

lob

przerzut

główka

dośrodkowanie (centra)

Czy musisz podawać piłkę kolegom ?

Podczas gry nie zawsze masz ochotę oddać piłkę kolegom. To tak samo trudne jak pożyczanie swoich rzeczy...

Piłka nożna jest sportem drużynowym. Przy pomocy kolegów łatwiej jest zaskoczyć przeciwnika i zdobyć gola.

Podania, dośrodkowania... – sukces zależy od współpracy całej drużyny. Wspólna radość ze zwycięstwa to coś wspaniałego!

Gra dla każdego! **8**
Ustawienie **30**

Rzut z autu

Kiedy zawodnik wybije piłkę za linię boczną, wtedy akcję wznawia przeciwnik.

Spalony

Napastnik nie może przebywać na tej pozycji. Pomiędzy nim a bramkarzem zawsze musi się znajdować obrońca.

Pozycja dozwolona:
w momencie podania napastnik jest przed linią obrony.

Pozycja spalona:
w momencie podania napastnik jest za linią obrony.

Dlaczego nie można być na spalonym?

Gdy gracz jest na pozycji spalonej, sędzia odgwizduje rzut wolny dla drużyny przeciwnej. Tyle zamieszania z powodu złego ustawienia!

W takiej sytuacji bramkarz byłby zmuszony samodzielnie bronić ataku napastnika. Uznano, że byłoby to niesprawiedliwe.

Dzięki tej zasadzie napastnicy nie mogą stać bezczynnie pod samą bramką w oczekiwaniu na piłkę. Muszą się trochę wysilić!

Oznaczenia na boisku **18**
Ustawienie **30**

Napastnicy

Napastnicy grają w ataku.
To oni z reguły zdobywają gole.

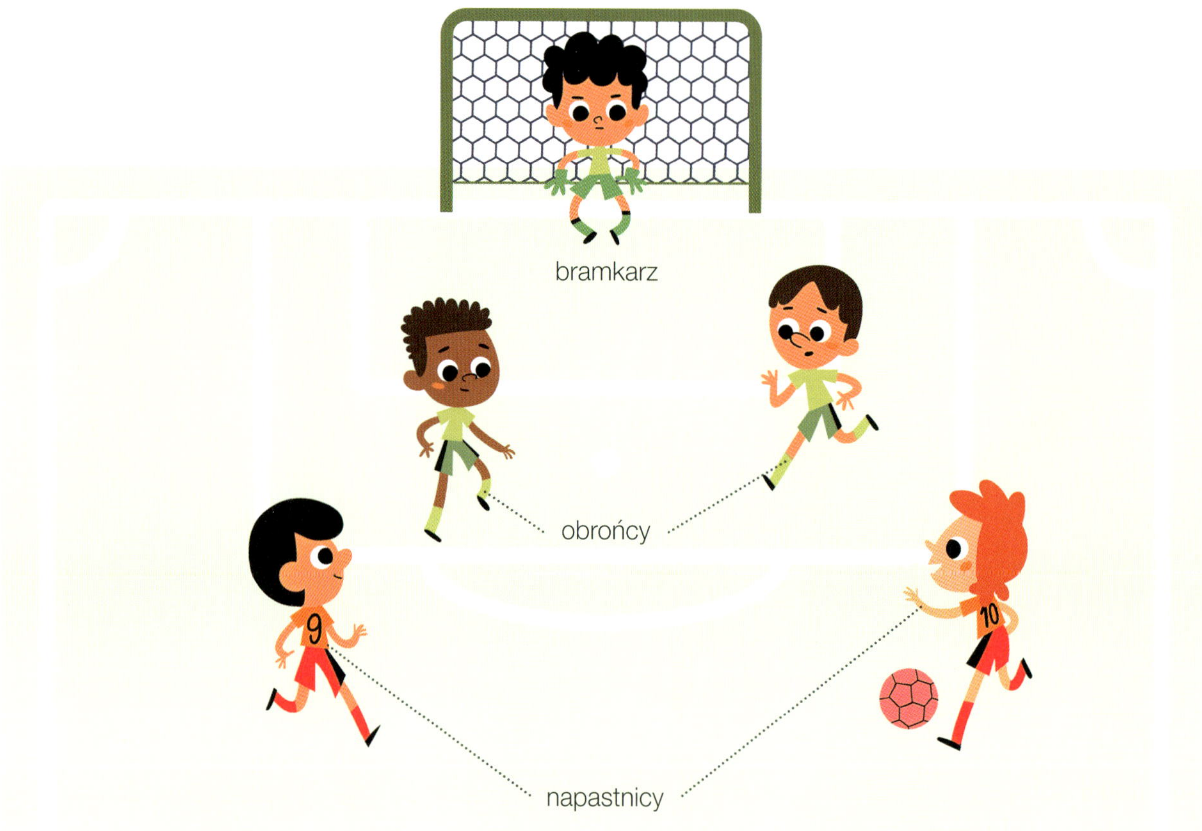

podbicie piłki

strzał z woleja

przewrotka

podkręcenie piłki

uderzenie z główki

lob

przerzutka

strzał
na bramkę

zdobyć gola

Kiedy pada gol?

Żeby wygrać mecz, trzeba zdobyć więcej bramek niż drużyna przeciwna. Tylko kiedy właściwie pada gol?

W bramce jest namalowana specjalna linia: linia bramkowa. Kiedy piłka przekroczy ją całym obwodem, wtedy jest gol.

Uwaga! Nie uznaje się gola, jeśli napastnik jest na pozycji spalonej albo bramkarz złapie piłkę dokładnie na linii bramkowej.

Ustawienie **30**
Na pozycji bramkarza **32**

Drybling

Trzeba być sprawnym dryblerem, żeby szybko minąć przeciwnika i pomknąć w kierunku bramki.

założyć siatkę

obiegnięcie przeciwnika

zwód

zmiana nogi

przełożenie nogi nad piłką (balans)

obrót z piłką (ruletka)

wycofanie piłki podeszwą

zmyłka ciałem

Co to jest akcja?

Kiedy oglądałeś mecz w telewizji, na pewno nie raz słyszałeś słowa komentatora sportowego „co za wspaniała akcja...".

Akcją nazywamy ciąg zwodów i podań, dzięki którym zawodnikom udaje się dotrzeć pod bramkę przeciwnika.

Celem akcji jest zdobycie gola. Doprowadzenie akcji do końca jest bardzo trudne, bo przeciwnicy robią wszystko, żeby ją przerwać.

Sprawdź się!

Spójrz na obrazek. Czy potrafisz wskazać bramkarzy, obrońców, pomocników i napastników?

Czy potrafisz powiedzieć, w jaki sposób bramkarz może zatrzymać strzały przeciwnika? Połącz nazwy z obrazkami.

Spójrz na poniższy obrazek. Potrafisz powiedzieć, czy zawodnik, który czeka na podanie, jest na prawidłowej pozycji czy na spalonym?

Przyporządkuj różne rodzaje dryblingu do odpowiednich obrazków.

obiegnięcie przeciwnika

zwód

balans

ruletka

Podczas meczu piłki nożnej każdy z zawodników gra na ustalonej pozycji.
A ty na której pozycji lubisz grać najbardziej?
Chciałbyś spróbować zagrać w innej roli? Jakiej?

Czas zacząć grę!

Na stadionie

Przed wejściem na stadion gromadzą się kibice – już niedługo zacznie się mecz!

Gdzie można obejrzeć mecz piłki nożnej?

Atmosfera na trybunach, bliskość graczy... – kibicowanie na stadionie jest zawsze niezwykłym przeżyciem!

Nie we wszystkich miastach są stadiony, na których mogą grać znane drużyny. Najłatwiej jest więc obejrzeć mecz w telewizji.

Dzięki kamerom niczego nie przeoczysz! Możesz też obejrzeć mecz w internecie albo posłuchać relacji sprawozdawcy w radiu.

Sklep z pamiątkami **52**
Święto futbolu **80**

Sklep z pamiątkami

Znajdziesz tu wszystko to, co pomoże ci lepiej dopingować ulubioną drużynę!

Co to znaczy być dobrym kibicem?

Przed meczem piłkarskim na stadion przyjeżdżają autokary pełne kibiców. Oni zawsze wiernie dopingują swoją ulubioną drużynę.

Czasami po meczu niektórzy kibice są bardzo niezadowoleni. To dlatego, że nie mogą pogodzić się z porażką swojej drużyny.

Lecz dobry kibic to taki, który wspiera swoją drużynę w dobrych i złych momentach i oczywiście szanuje przeciwników.

Na stadionie **50**
Sławni piłkarze **90**

Początek meczu

Obie drużyny są na boisku. Sędzia gwiżdże i daje znak rozpoczęcia meczu.

Która drużyna rozpoczyna grę ?

Boisko piłkarskie jest podzielone na dwie części. Zanim zacznie się mecz, każda z drużyn musi zająć swoją połowę.

Kapitanowie wybierają: orzeł albo reszka. Potem sędzia rzuca monetą i ten, kto wygra, może rozpocząć spotkanie.

Zamiast tego kapitan, który wygrał, może wybrać stronę boiska. W takim przypadku mecz rozpoczyna drużyna przeciwna.

Ustawienie **30**
Koniec meczu **66**

Sędzia

Sędzia pilnuje, żeby piłkarze przestrzegali zasad gry, i karze zawodników za łamanie przepisów.

podstawowe gesty

Co robią pozostali sędziowie?

sprawdzać stan boiska

rozpoczynać mecz

egzekwować przestrzeganie zasad gry

wykluczyć z gry

pilnować czasu gry

notować strzelców i ukaranych

ogłaszać zmianę stron boiska

Sędzia główny pilnuje wszystkiego, co się dzieje na boisku podczas meczu. Musi być wszędzie. To wydaje się bardzo trudne!

Ale sędzia główny nie jest sam, pomagają mu inni sędziowie: sędziowie liniowi. Stoją oni wzdłuż linii bocznej boiska.

Za pomocą chorągiewek sygnalizują przewinienia, których nie zauważył sędzia główny. Nic się przed nimi nie ukryje!

Faul! 58
17 ważnych zasad 86

Faul!

Jeden z zawodników zagrał w niedozwolony sposób i sfaulował przeciwnika! Gra zostaje przerwana.

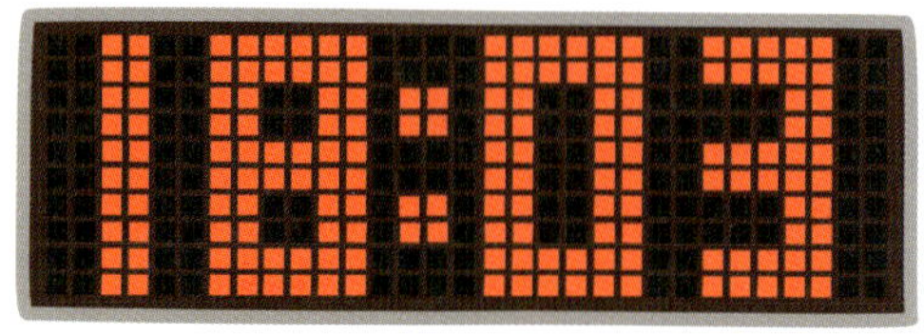

Czy sędzia ma zawsze rację?

Sędzia ma naprawdę trudne zadanie – boisko piłkarskie jest ogromne, a graczy bardzo wielu. Zdarza się więc mu pomylić.

Czasami sędzia nie zauważy faulu. Albo da się oszukać zawodnikowi, który tylko symuluje, czyli udaje, faul...

Jednak gracze są zobowiązani słuchać jego poleceń. Jeśli zbyt głośno protestują, mogą zostać ukarani przez sędziego kartką.

Sędzia **56**
17 ważnych zasad **86**

Żółta kartka!

Kiedy gracz dopuści się przewinienia, wtedy sędzia może dać mu ostrzeżenie – żółtą kartkę.

opuścić boisko
bez zezwolenia

nie przestrzegać
zasad gry

wymuszać
faul

zdjąć
koszulkę

dyskutować
z sędzią

źle się
zachowywać

opóźniać grę

Czerwona kartka!

Jeśli przewinienie jest poważne, gracz dostaje czerwoną kartkę i musi opuścić boisko.

dostać drugą żółtą kartkę

być agresywnym

poważnie sfaulować przeciwnika

dotknąć piłki ręką w polu karnym

świadomie sfaulować przeciwnika

przeszkadzać w oddaniu strzału

Dlaczego niektórzy zawodnicy symulują faul?

Podczas gry w piłkę trzeba szybko biegać. Zdarza się, że rozpędzony zawodnik upadnie i przeturla się kilka metrów po murawie.

Niektórzy zawodnicy specjalnie się wywracają, żeby symulować faul. Liczą na to, że przeciwnik zostanie ukarany za sfaulowanie.

Ale jeśli sędzia zorientuje się w sytuacji, to wtedy symulant dostanie kartkę! Lepiej więc nie oszukiwać, tylko grać fair.

Sędzia **56**
17 ważnych zasad **86**

Rzut wolny

W przypadku faulu sędzia przyznaje rzut wolny poszkodowanej drużynie.

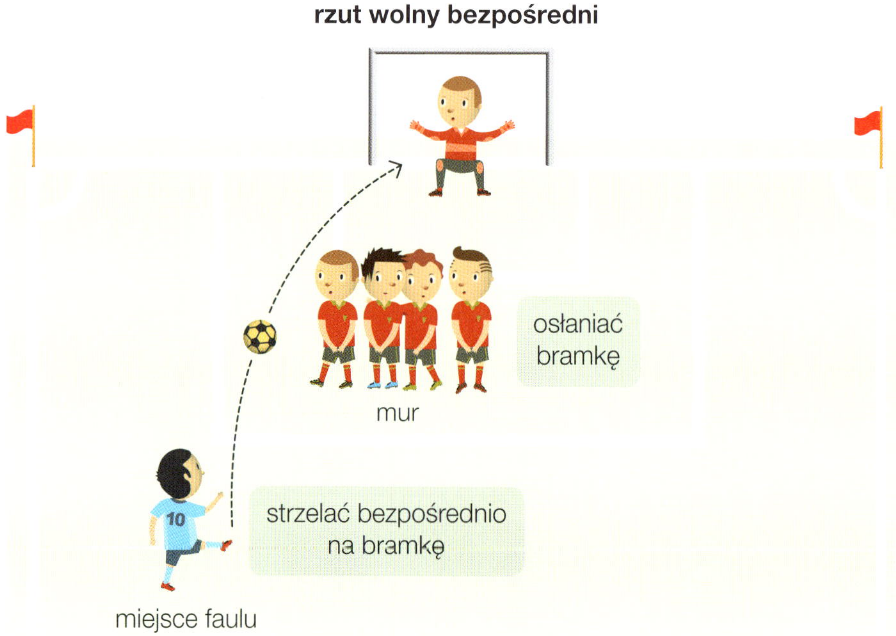

Rzut karny

Jeśli faul miał miejsce w polu karnym, wtedy sędzia dyktuje rzut karny.

Czym się różni rzut wolny pośredni od bezpośredniego?

Podczas rzutu wolnego pośredniego musisz wykonać podanie do któregoś kolegi z drużyny. Przeciwnik może ci w tym przeszkodzić.

Masz więc mniejszą szansę na zdobycie gola niż podczas rzutu wolnego bezpośredniego, kiedy strzelasz od razu do bramki.

Dlatego rzut wolny pośredni jest dyktowany w przypadku drobnych przewinień. Rzut wolny bezpośredni jest przyznawany po poważnym faulu.

Oznaczenia na boisku **18**
Ustawienie **30**

Podczas przerwy

Po 45 minutach gry zawodnicy są zmęczeni. Pora na przerwę w meczu.

Jaka jest rola trenera?

Być może się zastanawiałeś, dlaczego podczas meczu trener przez cały czas stoi przy linii bocznej, macha rękami i krzyczy.

Tak motywuje drużynę do gry i pomaga jej w walce. Na bieżąco ustala strategię gry i decyduje o zmianach zawodników.

W czasie przerwy trener podpowiada zawodnikom, jak mają grać w drugiej połowie meczu. Oczywiście trenuje zawodników przez cały sezon!

W szatni **22**
17 ważnych zasad **86**

Koniec meczu

Sędzia gwiżdże trzy razy i kończy mecz. Drużyna pomarańczowych wygrywa 3:0!

Co się dzieje po meczu?

Mecz dobiegł końca! Wynik spotkania jest już znany. Zmęczeni zawodnicy wracają do szatni, a kibice – do domów.

W szatni zawodnicy razem z trenerem analizują mecz. Omawiają błędy, które popełnili podczas gry, i dobre zagrania.

Po tak ogromnym wysiłku piłkarze potrzebują odpoczynku. Muszą być przecież w dobrej formie na kolejne spotkanie.

Początek meczu 54
Mistrzowie świata 82

Sprawdź się!

Potrafisz powiedzieć, co oznaczają poniższe gesty sędziego?

koniec meczu

rzut wolny bezpośredni

zmiana zawodnika

Które z poniższych wykroczeń należy ukarać żółtą, a które czerwoną kartką? Przyporządkuj obrazki do odpowiedniego kartonika.

żółta kartka

czerwona kartka

Poniższe obrazki są pomieszane. Ułóż je w odpowiedniej kolejności – zgodnie z wydarzeniami na boisku.

Spójrz na oba rysunki. Który z nich przedstawia rzut wolny bezpośredni?
A co się dzieje na drugiej ilustracji?

Wizyta na stadionie to niesamowite przeżycie.
Widziałeś już mecz na żywo? Jaka jest twoja ulubiona drużyna?
Masz jej koszulkę albo inną klubową pamiątkę?

Zawody

Przygotowania

Przed każdymi zawodami cała drużyna zbiera się na zgrupowaniu, żeby dobrze się przygotować do turnieju.

rezydencja drużyny

centrum medyczne

zadaszony stadion

odkryte boisko

Czy piłkarze zarabiają dużo pieniędzy?

Kluby piłkarskie chętnie płacą wysoką cenę za zawodnika, który poprowadzi ich drużynę do zwycięstwa.

Kariera piłkarzy trwa jednak dość krótko, dlatego płaci im się duże sumy, ale przez krótki czas gry w drużynie.

Dodatkowo niektórzy gracze występują w reklamach albo mają sponsora, który płaci im za reklamowanie ich produktu.

Cechy dobrego gracza **24**
Sławni piłkarze **90**

Rodzaje rozgrywek

Na całym świecie organizowane są różne rozgrywki, zarówno na poziomie krajowym, jak i międzynarodowym.

na różnych kontynentach

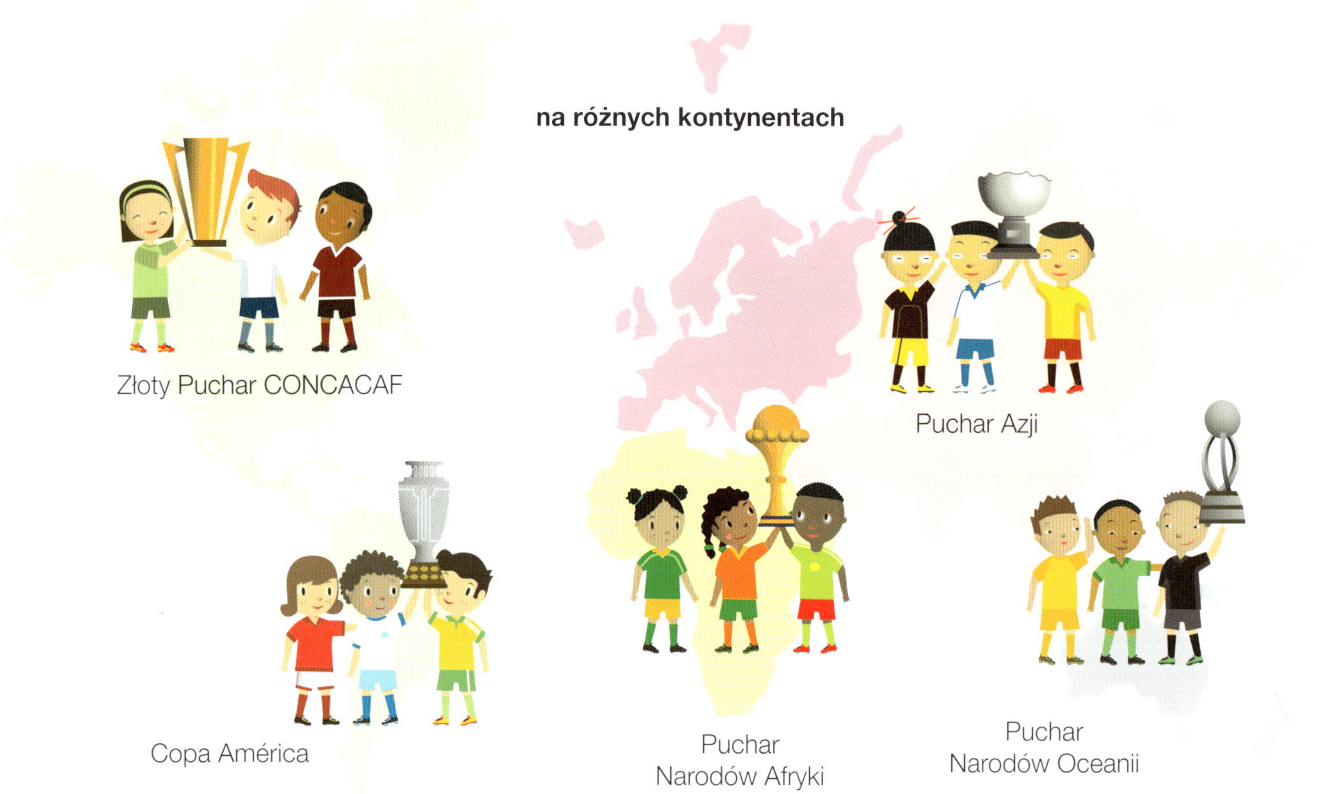

na świecie

w krajach europejskich:

rozgrywki ligowe

pomiędzy klubami i reprezentacjami europejskimi

Kto jest najlepszym piłkarzem świata?

Chciałbyś w przyszłości zostać najlepszym piłkarzem świata? Ale czy ktoś taki w ogóle istnieje?

Podczas mistrzostw świata puchar zdobywa cała drużyna, a nie jeden zawodnik. Piłka nożna jest przecież sportem drużynowym!

Zawodnicy są nagradzani w plebiscytach, takich jak Złota Piłka, w których trofeum przyznawane jest najlepszemu piłkarzowi świata.

Sławni piłkarze **90**

Rozgrywki ligowe w Polsce

Każdego roku od lipca do kwietnia odbywają
się rozgrywki Ekstraklasy. Uczestniczy
w nich 16 najlepszych drużyn.

przed sezonem (maj – czerwiec)

dokonać transferu

otrzymać pieniądze

zostać członkiem nowej drużyny

rozgrywki ligowe (lipiec – kwiecień)

oglądać mecz

słuchać sprawozdania w radiu

zakończenie rozgrywek (kwiecień)

puchar

mistrz Polski

nazwy drużyn

liczba punktów

	KLUB	Punkty
1	Piast Gliwice	83
2	Pogoń Szczecin	71
3	Cracovia	67
4	Legia Warszawa	64
5	Korona Kielce	63
6	Wisła Kraków	62
7	Lechia Gdańsk	55
8	Zagłębie Lubin	53
9	Górnik Łęczna	52
10	Ruch Chorzów	51
11	Termalica Bruk-Bet Nieciecza	48
12	Podbeskidzie Bielsko-Biała	47
13	Jagiellonia Białystok	46
14	Śląsk Wrocław	43
15	Lech Poznań	41
16	Górnik Zabrze	40

spadkowicze

tabela rozgrywek

spaść
do niższej ligi

Czy zawodnicy mogą zmienić klub?

Każdego roku zmienia się skład twojej ulubionej drużyny. Niektórzy zawodnicy odchodzą do innych drużyn, a na ich miejsce pojawiają się nowi.

Kluby kupują graczy na jeden albo kilka sezonów. Dokonują transferów, żeby zbudować jak najsilniejszą drużynę.

Najpierw zawodnicy przechodzą testy medyczne. Potem podpisują kontrakt. I na koniec dostają koszulkę nowego klubu.

Czas wyruszyć na mistrzostwa świata!

Mistrzostwa świata odbywają się co 4 lata. Jednak każdą imprezę poprzedzają wieloletnie przygotowania.

5 lat wcześniej: kilka państw deklaruje chęć organizacji mistrzostw świata.

4 lata wcześniej: FIFA (Międzynarodowa Federacja Piłki Nożnej) ogłasza gospodarza turnieju.

3 lata wcześniej: we wskazanym państwie rozpoczynają się przygotowania (budowa stadionów, hoteli, dróg).

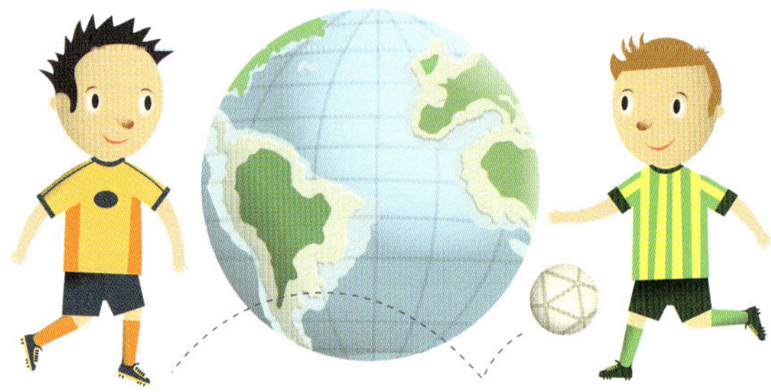

2 lata wcześniej: na całym świecie rozpoczynają się mecze kwalifikacyjne do turnieju.

7 miesięcy wcześniej: do turnieju zostają zakwalifikowane 32 drużyny. Gospodarz mistrzostw otrzymuje automatyczny awans.

6 miesięcy wcześniej: w wyniku losowania drużyny są dzielone na 8 grup, po 4 drużyny w każdej.

ceremonia otwarcia

Dlaczego zawsze wygrywają te same drużyny?

Brazylia, Włochy, Niemcy... – od 30 lat te drużyny zdobywają puchar mistrzostw świata. Dlaczego tak się dzieje?

To wielkie narody piłkarskie. Piłka nożna jest tam bardzo popularna, a zawodnicy są bardzo dobrze wyszkoleni.

Ale zdarza się, że wygrywają inne drużyny. Pod warunkiem że trener i wszyscy zawodnicy odpowiednio się przygotują!

Rodzaje rozgrywek **74**
Rozgrywki ligowe w Polsce **76**

Święto futbolu

Podczas mistrzostw świata walczą ze sobą najlepsze drużyny. To wielkie święto futbolu!

Co zawodnicy śpiewają przed meczem?

W trakcie mistrzostw świata przed rozpoczęciem każdego spotkania zawodnicy obu drużyn śpiewają inną pieśń.

Piłkarze śpiewają hymn narodowy, czyli uroczystą pieśń kraju, który reprezentują. Polscy zawodnicy śpiewają *Mazurka Dąbrowskiego*.

Hymn dodaje niektórym graczom sił. Ale nie wszyscy śpiewają, niektórzy wolą wtedy milczeć, żeby nie stracić koncentracji.

Na stadionie **50**

Mistrzowie świata

Drużyna żółtych wygrała finał,
czyli ostatni mecz turnieju.
To mistrzowie świata!

Czy
mecz zawsze kończy się zwycięstwem ?

Mecz nie zawsze kończy się zwycięstwem jednej z drużyn. Może paść remis bramkowy (na przykład 2:2) albo bezbramkowy (0:0).

W meczach towarzyskich to nie jest problem. Jednak w trakcie mistrzostw świata spotkanie często musi zostać rozstrzygnięte.

Zarządza się wtedy dogrywkę, trwającą dwa razy po 15 minut. Jeśli i ona nie wyłoni zwycięzcy, rozstrzyga seria rzutów karnych.

Rodzaje rozgrywek 74

Sprawdź się!

Przed zawodami piłkarze dużo trenują, żeby być w dobrej formie.
Opowiedz, co się dzieje na poniższych obrazkach.

Spójrz na poniższe ilustracje. Na drugiej z nich brakuje pięciu elementów. Wiesz których?

Spójrz na te osoby. Wiesz, kim są? Jaką funkcję pełnią w trakcie meczu?

Przyporządkuj odpowiednie nazwy do poniższych trofeów. Wskaż na mapie, gdzie odbywają się te turnieje.

Copa América

Puchar Narodów Afryki

mistrzostwa świata

Złoty Puchar CONCACAF

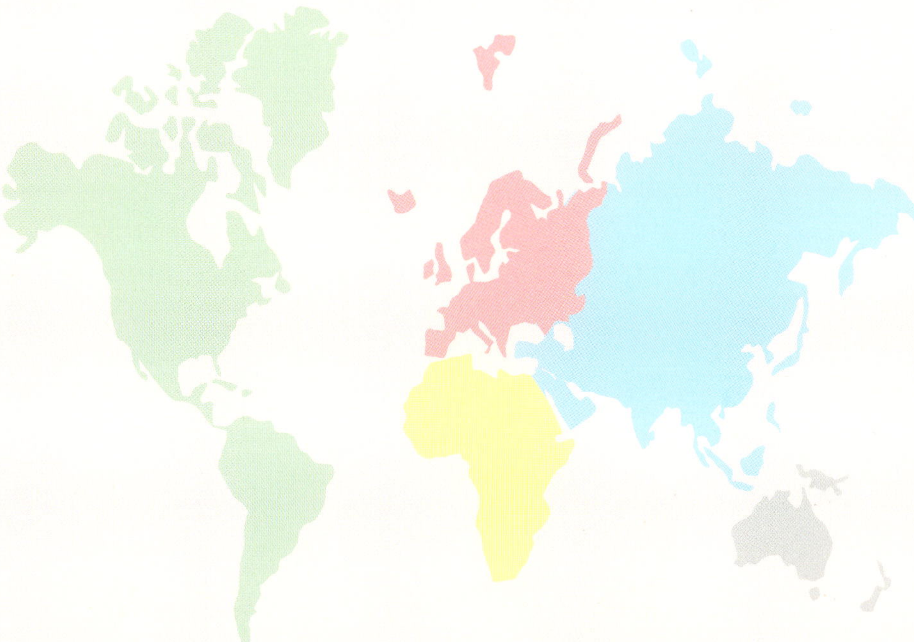

W trakcie mistrzostw świata kibice z różnych krajów oglądają spotkania swoich drużyn.
A ty oglądasz mecze u siebie w domu czy na telebimie na miejskim placu?

17 ważnych zasad

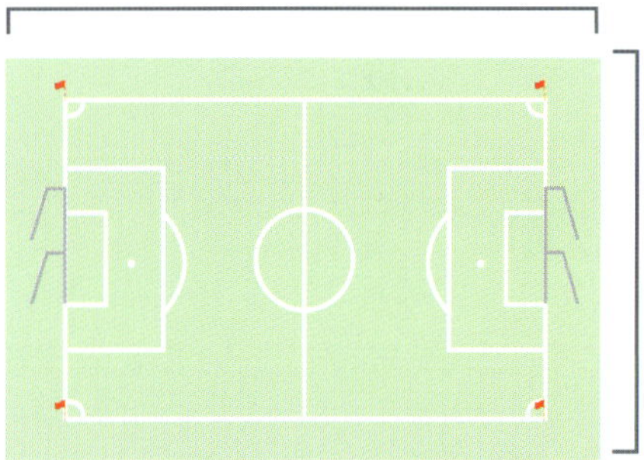

wymiary boiska

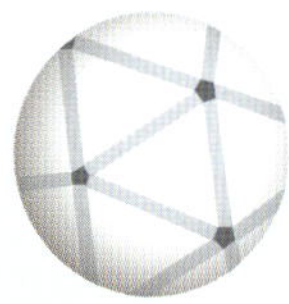

okrągła piłka

11 graczy w drużynie

odpowiedni strój

sędzia

sędziowie liniowi

pierwsza połowa

druga połowa

czas gry

rozpoczęcie meczu

piłka poza boiskiem

gol

spalony

faul

rzut wolny

rzut karny

rzut z autu

wznowienie gry

rzut rożny

Nie tylko piłka nożna

futsal (piłka nożna halowa)

piłka w mieście

jorkyball

piłka nożna plażowa

siatkonoga

futbol amerykański

akrobatyka piłkarska

piłkarzyki

gra wideo

naklejki z piłkarzami

Sławni piłkarze

Just Fontaine
(Francja, lata 50.,
napastnik)

Lew Jaszyn
(ZSRR, lata 50.,
bramkarz)

Ferenc Puskás
(Węgry, lata 50. i 60.,
napastnik)

Diego Maradona
(Argentyna, lata 80.,
pomocnik lub napastnik)

Michel Platini
(Francja, lata 80.,
pomocnik)

Johan Cruyff
(Holandia,
lata 70. i 80.,
pomocnik
lub napastnik)

Roger Milla
(Kamerun,
lata 80. i 90.,
napastnik)

Zinédine Zidane
(Francja, lata 90. i początek XXI w.,
pomocnik)

Ronaldo
(Brazylia, lata 90. i początek XXI w.,
napastnik)

Iker Casillas
(Hiszpania, obecnie,
bramkarz)

Alfredo Di Stéfano
(Argentyna, lata 50. i 60., napastnik)
Pelé
(Brazylia, 50. i 60., napastnik)
Eusébio
(Portugalia, lata 50. i 60., napastnik)
Gerd Müller
(RFN, lata 70., napastnik)
George Best
(Irlandia Północna, lata 70. i 80., napastnik)
Sócrates
(Brazylia, lata 70. i 80., pomocnik)
Franz Beckenbauer
(RFN, lata 70. i 80., obrońca)
Cristiano Ronaldo
(Portugalia, obecnie, napastnik)
Lionel Messi
(Argentyna, obecnie, napastnik)
Zlatan Ibrahimović
(Szwecja, obecnie, napastnik)

Ab Indeks

L

Ł

M

N

O

P

R